Look a
I'm going to
Italy!

This book is dedicated
to my daughter
Carmela

First published in 2021 by Daniel Williamson
www.danielwilliamson.co.uk
This edition published in 2021

Translated by Federica Di Stefano

DW

Look at Me I'm going to Italy!

I woke up so excited today, because today I'm going to Italy for the first time ever! I just can't wait!

Oggi mi sono svegliato così emozionato, perché per la prima volta in assoluto andrò in Italia! Non vedo l'ora!

At the airport I got to have my photo taken with the pilot before our flight to Rome.

All'aeroporto sono riuscito a fare una foto con il pilota prima del nostro volo per Roma.

When we arrived in Rome I met my Italian family. They were very happy to see me. They brought their puppy to meet me, his name is Romeo.

Quando siamo arrivati a Roma, ho incontrato la mia famiglia italiana. Erano molto felici di vedermi. Hanno portato con sé il loro cagnolino per farmelo conoscere, si chiama Romeo.

We went to the family home and had a traditional Italian meal. We ate lasagna, mozzarella and pizza. I love Italian food!

Siamo andati a casa loro e abbiamo assaggiato dei piatti tradizionali. Abbiamo mangiato le lasagne, la mozzarella e la pizza. Adoro il cibo italiano!

After dinner my uncle played a famous Italian song on his guitar. The song was called 'Volare.' Italian music is beautiful!

Dopo cena, mio zio ha suonato una famosa canzone italiana con la sua chitarra. La canzone si intitolava "Volare". La musica italiana è bellissima!

At bedtime my grandmother read me a story called 'Pinocchio.' It's about a living, wooden puppet who wanted to become a real boy.

Prima di andare a letto, mia nonna mi ha letto la storia di "Pinocchio", un burattino di legno vivente, che voleva diventare un bambino vero.

The next day we went to see the Fontana di Trevi. People go there to throw coins into the fountain and make a wish.

Il giorno dopo siamo andati a visitare la Fontana di Trevi. Solitamente la gente getta delle monetine nella fontana ed esprime un desiderio.

Then we went to a museum called Museo Leonardo Da Vinci. There, I saw some of his most important inventions.

Dopo siamo andati al Museo Leonardo Da Vinci. Lì, ho visto alcune sue invenzioni molto importanti.

I also saw some art by a famous painter called Michelangelo. I wish I could paint like that!

Ho visto anche alcune opere di un famoso pittore di nome Michelangelo. Vorrei poter dipingere come lui!

Outside the museum was a man selling granita.
It's a very tasty and refreshing drink.
I drank two of them all by myself.

Fuori dal museo c'era un uomo che vendeva granite.
È un sorbetto molto gustoso e rinfrescante.
Ne ho mangiate due tutto da solo.

We walked to the town square and saw two people dancing tarantella. It's a beautiful dance. It was wonderful to watch.

Camminando verso il centro della città abbiamo visto due persone che ballavano la Tarantella. E' un ballo meraviglioso. E' stato bellissimo vederli danzare.

In the afternoon we went to the Stadio Olimpico stadium to watch Italy play football. A nice lady gave me an Italian flag to wave!

Nel pomeriggio siamo andati allo Stadio Olimpico per vedere l'Italia giocare a calcio. Una signora molto gentile mi ha regalato una bandiera italiana da sventolare!

The football was really fun! Dad bought me a T-Shirt like the players. I was shouting 'let's go Italy!' And 'come on! One more goal!'

La partita di calcio è stata molto divertente! Papà mi ha comprato una maglietta uguale a quella dei giocatori. Gridavo "dai, andiamo!" e "forza!"

After the match we went to a restaurant for more yummy Italian food. I had spaghetti bolognese and tiramisù for dessert!

Dopo la partita siamo andati in un ristorante per gustare ancora del delizioso cibo italiano. Ho mangiato spaghetti alla bolognese e tiramisù per dessert!

The waiter was really funny. He even did a magic trick just for me. His name was Giovanni and he is from Naples.

Il cameriere era davvero divertente. Ha anche fatto un trucco di magia solo per me. Si chiama Giovanni ed è di Napoli.

In the morning it was really sunny and we all went to an orchard. Peaches grows a lot here and I picked some from the trees.

La mattina seguente, il sole splendeva e siamo andati tutti insieme in un frutteto. C'erano tante pesche e ne ho raccolte alcune dagli alberi.

I met a nice old man there and he was wearing a coppola. It's a traditional flat cap in the south of Italy.

Ho conosciuto un simpatico vecchietto che indossava una coppola. È un berretto tipico del sud d'Italia.

In the car I heard different Italian music called 'Liscio.' I liked this music too, it made me want to dance!

In macchina ho ascoltato il "Liscio", un genere musicale italiano. Anche questo tipo di musica mi è piaciuto molto, mi ha fatto venire voglia di ballare!

We drove past an old building called the Colosseum. It is 48 meters tall and was built more than 2,000 years ago.

Siamo passati davanti a un antico edificio chiamato Colosseo. È alto 48 metri ed è stato costruito più di 2.000 anni fa.

Back at the house, on our last night, the family all played a game together called Tombola.
It was really fun!

Una volta a casa, per la nostra ultima serata insieme, abbiamo fatto un gioco chiamato Tombola.
È stato molto divertente!

Before I went to bed my Italian family gave me a present each to remind me of Italy. They gave me a marionette Pinocchio doll, a Venetian carnival mask and a toy vespa.

Prima di andare a letto, la mia famiglia italiana mi ha dato dei regali in ricordo dell'Italia. Mi hanno regalato un burattino di Pinocchio, una maschera di carnevale veneziana e una vespa in miniatura.

I really love it in Italy! The only problem is I can't decide what's my favourite thing.

L'Italia mi piace moltissimo! L'unico problema è che non riesco a decidere quale sia la cosa che preferisco.

Was it the Italian food, the music,
the toys, the tarantella?

Il cibo italiano, la musica, i giocattoli, la Tarantella ?

Or was it the art by Michelangelo,
the beautiful monuments, the wonderful stories
or spending time with my Italian family?

Oppure l'arte di Michelangelo, i bellissimi monumenti,
le meravigliose storie o il tempo trascorso
con la mia famiglia italiana ?

I just can't decide because I love everything here! So much so, in fact...

Non riesco proprio a decidere perché adoro tutto di questo posto! Così tanto che ...

I've already asked to come back real soon.
Again and again and again.

Ho già chiesto di ritornare appena possibile.
Ancora, ancora e ancora.

Z
Z
Z
THE END
FINE

This author has developed a bilingual book series designed to introduce children to a number of new languages from a very young age.

If you enjoyed reading this story, you will undoubtedly like popular rhyming picture books from this author which are also currently available.

A Message From The Author

I'd like to say a massive thank you to every single child and adult that read one of my books! My dream is to bring cultures together through fun illustrations, imagination and creativity via the power of books.

If you would like to join me on this journey, please visit my website danielwilliamson.co.uk where each email subscriber receives a free ebook to keep or we will happily send to a friend of your choice as a gift!

Nothing makes me happier than a review on the platform you purchased my book telling me where my readers are from! Also, please click on my links below and follow me to join my ever-growing online family! Remember there is no time like the present and the present is a gift!

Yours gratefully

Daniel Williamson

Made in the USA
Las Vegas, NV
21 March 2023